Neuenahr

Bericht über die Badesaison zu Neuenahr in Rheinpreussen

Neuenahr

Bericht über die Badesaison zu Neuenahr in Rheinpreussen

ISBN/EAN: 9783743498679

Hergestellt in Europa, USA, Kanada, Australien, Japan

Cover: Foto ©Andreas Hilbeck / pixelio.de

Manufactured and distributed by brebook publishing software (www.brebook.com)

Neuenahr

Bericht über die Badesaison zu Neuenahr in Rheinpreussen

Bericht

über

die zweite Badesaison

zu Neuenahr

im Jahre 1860

von

Dr. Weidgen,
Badearzt.

Bonn,
Druck von Carl Georgi.
1861.

Die zweite Badesaison in Neuenahr begann am 15ten Mai 1860 und dauerte bis Ende October. Dieselbe kann bei vorurtheilsloser Beurtheilung sowohl in Rücksicht der Frequenz als auch der Curerfolge wiederum nur als eine sehr günstige bezeichnet werden. Ungeachtet der schlechten Witterung des Sommers steigerte sich schon gegen Ende Juni die Zahl der Curgäste so hoch, dass das neuerbaute Curhotel für die Aufnahme derselben nicht ausreichte, und ein grosser Theil der Kranken ihr Unterkommen in Beul, in den gegenüberliegenden Dörfern Wadenheim und Hemessem und in der benachbarten Stadt Ahrweiler suchen mussten. Die Zunahme des Besuches unseres jungen Bades übertraf alle Erwartungen. Die Frequenz der ersten Badesaison war gewiss schon höchst erfreulich und ganz ungewöhnlich, da dieselbe bis nahe an 200 Curgäste stieg. In diesem Jahre aber vermehrte sich die Zahl derselben auf mehr als das Doppelte, auf 506, und unter ihnen befand sich eine grosse Anzahl aus der Ferne: aus Norddeutschland, der Schweiz, England und besonders aus Holland. Ausserdem war der Besuch von Vergnügungsreisenden und solchen, die ein höheres Interesse für unsere Heilquellen hegen, wieder sehr bedeutend. Viele und namhafte Aerzte kamen, theils ihrer Gesundheit wegen, theils um unseren Curort durch eigene Anschauung kennen zu lernen.

Die Witterung war, wie überall, meist unfreundlich. Obschon Neuenahr gegen heftige Luftströmungen durch Gebirgsketten geschützt ist, so hatten wir dennoch von den stürmischen Westwinden, welche die Atmosphäre des Sommers beherrschten, viel zu leiden, wenn auch beträchtlich weniger als andere Orte. Sehr oft bot sich Gelegenheit, den Unterschied der hiesigen Witterung und der anderer Gegenden kennen zu lernen, da die meisten Curgäste Nachrichten aus ihrer zum Theil fernen Heimath erhielten, und viele Passanten, welche aus anderen Bädern kamen, Vergleiche anstellen konnten. Unter den letzteren versicherte mir der Geheime Sanitätsrath Professor Dr. Wolff aus Berlin, als ich ihn Abends spät in den Anlagen sitzend traf, dass er während eines vorhergegangenen sechswöchigen Aufenthaltes in Baden-Baden keinen Abend so lange im Freien habe zubringen können, wie hier. Nach den Mittheilungen, welche Curgäste aus Westphalen, Norddeutschland, Holland, England und der Schweiz erhielten, hatte Neuenahr ungleich weniger stürmische und regnerische Tage und dabei eine höhere Temperatur, als jene Gegenden. Professor Dr. Jung, Direktor der medizinischen Klinik in Basel und Medizinalrath Dr. Pellengahr aus Münster, welche längere Zeit eine Cur hier gebrauchten, wunderten sich über die milde Luft, bei der sie jeden Morgen und Abend die Trinkhalle besuchen und ihre Promenaden in den fast stets trockenen Anlagen machen konnten, während die ihnen aus den zwei so weit von einander entfernten und klimatisch so verschiedenartigen Orten zukommenden Witterungsnachrichten so sehr trübe lauteten. Sie sprachen sich gegen mich öfter darüber aus und legten für unser Bad einen hohen Werth auf diese Begünstigung durch die Natur.

Der Königl. Bergmeister Honigmann von Saarbrücken beobachtete während seiner Curzeit vom 1sten bis 22sten August jeden Morgen um 8 Uhr den Stand des Thermometers und sein Schwager Dr. Schmidtborn in Saarbrücken den dortigen um dieselbe Zeit. Sie hatten diese Verabredung getroffen, um den Unterschied der Temperatur kennen zu lernen. Der mittlere Stand des Thermometers war um diese Morgenzeit in Neuenahr + 14° R., in Saarbrücken + 12° R., also in Neuerahr 2° höher, als in der 1$^1/_2$ Breitegrad südlicher gelegenen Stadt Saarbrücken.

Der Gesundheitszustand war ein günstiger. Bei der mehr feuchten und oft stürmischen Witterung des Sommers hätte man viele Catarrhe und Rheumatismen erwarten können. Sie waren aber äusserst selten und von so geringer Bedeutung, dass eine Unterbrechung der Cur kaum nöthig wurde. Es erkrankte ein Mann, welcher wegen eines pleuritischen Exsudates in der linken Brusthälfte Hülfe suchte, in den ersten Tagen seines Hierseins an brandiger Rose und wurde leider ein Opfer derselben. Einen zweiten Todesfall hatten wir bei einem Schwindsüchtigen im letzten Stadium des Leidens zu beklagen, auf den ich bei dem Capitel „Tuberkulose" zurückkommen werde.

Die Zahl der Bäder betrug 4636, obgleich ein sehr grosser Theil der Kranken nur die Trinkcur gebrauchte. Die Mineralwasserversendung, welche im vorigen Jahre erst begann und noch eine unbedeutende sein musste, stieg in diesem Jahre schon über 4,000 Krüge; ein Zeichen, dass sich das Wasser auch schon in der Ferne einen guten Ruf erworben hatte, besonders da es häufig von denselben Aerzten, die es verwandten, wiederholt gefordert wurde. Ausser Deutschland gieng es nach Holland, England und der Schweiz.

Die Krankheiten, wegen denen Curen hier ausgeführt wurden, waren grösstentheils dieselben, welche ich in meiner Schrift: Bad Neuenahr, Bonn bei Weber, und im vorjährigen Saisonbericht als unsere Therme indicirend aufgeführt habe. Die Mehrzahl derselben bestand aus chronischen Catarrhen der Respirationsorgane mit und ohne pathische Ablagerung im Parenchym der Lungen. Auf diese folgten die Krankheiten des Digestionsapparates, dann Uterusleiden, Gicht, Rheumatismus, Skropheln, Nervenleiden und Wechselfiebercachexie.

Die Curerfolge waren im Ganzen sehr erfreulich und es verliessen auch in diesem Jahre, wie im vorigen, fast sämmtliche Curgäste unser Bad entweder in geheiltem oder doch in einem mehr oder minder gebesserten Zustande. Von grossem Werthe für die Behandlung, besonders in complicirten Fällen, war oft der Umstand, dass die meisten Kranken mit zum Theil sehr vortrefflichen Krankkeitsgeschichten versehen waren. Ich muss dies dankend anerkennen, da es von vorn herein einen hellen Einblick in die Leiden der Hülfesuchenden gewährte und wesentlich dazu beitrug, die Cur zu einer hülfreichen zu gestalten.

Bei Besprechung der einzelnen Krankheitsformen kann ich mich in diesem Jahre schon auf die Mittheilung weniger Fälle in gedrängter Kürze beschränken. Ich werde aber nicht blos glückliche Curen, sondern auch diejenigen gewissenhaft anführen, bei denen nur ein geringer oder kein Erfolg erreicht wurde, da dies dem Arzte den genauesten Aufschluss über die Wirksamkeit unserer Therme geben wird.

I. Krankheiten der Respirationsorgane.

Wenn sich schon in der ersten Saison die Vorzüge unseres Climas als höchst förderlich bei der Behandlung dieser Krankheiten erwiesen, so traten dieselben in dieser nicht minder hervor. Im vorigen schönen Sommer war es die auch an den heissesten Tagen mit hinreichender Feuchtigkeit versehene und dabei stets rein und frisch sich erhaltende Luft, welche den Brustkranken so wohl that, in diesem unfreundlichen Sommer dagegen die constante Milde derselben und die geringen Temperaturschwankungen nach den Tageszeiten. Die Morgen und Abende waren verhältnissmässig warm, und es konnten alle Kranken, auch die empfindlichsten, fast jeden Morgen und Abend die Trinkhalle besuchen und ihre Promenaden im

Freien abhalten. Traten aber sehr stürmische und regnerische Tage ein, so gewährte der 172 Fuss lange und 10 Fuss breite, schöne Corridor des Badehauses, welcher noch während der Saison mit dem Curhotel durch eine bedeckte Glashalle verbunden wurde, eine gute Gelegenheit zu den curmässigen Gängen. Auf diese Weise wurde jede Störung des regelmässigen Verlaufs der Cur vermieden.

1. Chronischer Catarrh des Larynx.

Viele Patienten suchten Hülfe wegen chronischer Heiserkeit mit Husten und fanden sie auch, wenn dieselbe auf diesem Catarrh beruhte. Es kamen aber Mehre, bei denen vollständige tuberkulöse Verschwärung vorhanden war und da konnte Neuenahr natürlich nicht hülfreich sein. Von hohem Nutzen aber zeigte es sich, wenn dieser Catarrh bei noch nicht entwickelter tuberkulöser Anlage auftrat, wo dann durch die mit dem Husten verknüpfte beständige Reizung und die dadurch erzeugte Hyperämie der Uebergang in Erweichung der Tuberkeln unvermeidlich schien. Zwei solcher Kranken wurden von diesem gefahrdrohenden Uebergang ins colliquative Stadium der Schwindsucht glücklich errettet und sind ihren gewohnten Beschäftigungen zurückgegeben. Da beide Fälle sich sehr ähnlich sind, wird die Mittheilung eines einzigen genügen.

Herr N., 31 Jahr alt, welcher ein Amt bekleidete, das mit vielem und lautem Sprechen verbunden war, stammte aus einer hektischen Familie und hatte einen Bruder in fast gleichem Lebensalter an der tuberkulösen Halsschwindsucht verloren. Seit drei Monaten litt er an steter Heiserkeit und meist trockenem quälendem Husten. Arzneimittel waren fruchtlos geblieben. Da ihm das Schicksal seines Bruders, dessen Leiden in gleicher Weise begonnen hatte, stets vor Augen schwebte, so war er sehr niedergeschlagen, hatte den Appetit verloren und Kräfte und Ernährung begannen zu sinken. Sein Arzt schickte ihn nun hierhin.

Bei der Untersuchung fanden sich Gaumensegel und Zapfen geröthet und angeschwollen. Druck auf Kehlkopf und das Verschlingen der Speisen war schmerzlos. Die Zunge mit weisslichem Schleime belegt, Appetit sehr gering. Die Brust in der Infraclaviculargegend auf beiden Seiten ungewöhnlich tief und das Manubrium sterni eingebogen. Der Percussionston in dieser Gegend dumpf, besonders auf der linken Seite und Bronchialathmen daselbst. Die Stimme tief, heiser, Husten oft quälend, Auswurf sparsam, durchsichtig und rein schleimig. Das Aussehen des Kranken bleich, der Körper ziemlich mager, Puls schwach, 84 Schläge in der Minute.

Das Vorhandensein von Tuberkeln im oberen Lungenlappen beiderseits war unverkennbar. Die begleitenden Erscheinungen aber, besonders der ruhige Puls und die Beschaffenheit des Auswurfs liessen schliessen, dass noch keine Erweichung eingetreten sei, und so konnte man den Victoriabrunnen in hinreichend kräftiger Gabe anwenden.

Ich hatte bald die Freude, zu sehen, dass sich der Appetit wieder herstellte, der Auswurf sich vermehrte, anfangs dünn, dann dicklicher ward und mit dieser Veränderung seiner Beschaffenheit Husten und Heiserkeit sich allmählig verloren. Nach sechs Wochen war der Kranke frei von allen Beschwerden, die Anschwellung und Röthung am Gaumensegel und Zapfen verschwunden. Er bekleidet nunmehr wieder sein Amt ohne alle Störung seines Wohlbefindens.

Erfolglos war eine vierwöchige Cur in folgendem Falle:

Eine Dame in den vierziger Jahren von schwächlicher Constitution litt seit vielen Jahren an Heiserkeit und Halsschmerz. Husten war dabei selten. Sie stammte aus einer Familie, in welcher Fälle von Lungentuberkulose vorgekommen waren. Obwohl positive Zeichen dieser Krankheit bei der Patientin nicht vorlagen, so leitete man doch lange Zeit hindurch die Kehlkopfaffektion aus dieser, wenn auch physikalisch nicht nachweisbaren Quelle her. Das Nichtfortschreiten des Uebels aber seit einer Reihe von Jahren und das äusserst seltene Eintreten von Husten setzten indessen die Richtigkeit dieser Ansicht in vollen Zweifel. Nervöse Zustände, die sich hauptsächlich in melancholischer Depression des Gemüths mit grosser Irritabilität des Gesammtnervensystems kund gaben, waren schon früh Begleiter des Leidens geworden und steigerten sich im Laufe der letzten Jahre unter Wahrnehmung öfterer Herzpalpitationen nicht unbedeutend. Sie hatte zahlreiche Brunnencuren gebraucht: Soden, Weilbach, Ems, Pyrmont, Lippspringe, Alles ohne Erfolg! Am besten war ihr noch Pyrmont bekommen, es hatte wenigstens die Reizbarkeit der Nerven etwas gemindert.

Da die lokale Schleimhautaffektion aber noch dieselbe war, so wurde ihr Neuenahr empfohlen.

Bei ihrer Ankunft zeigten sich Gaumensegel und Zapfen schwach geröthet und deren Gewebe in einem erschlafften Zustande. Schmerzgefühl im Halse war weder beim Druck noch sonst vorhanden, Husten sehr selten und ohne Auswurf. Physikalische Zeichen der Brust, welche Tuberkulose argwöhnen liessen, nicht aufzufinden. Der Percussionston allenthalben hell und das Athmungsgeräusch normal. Dagegen deuteten der verstärkte Impuls des Herzschlages und ein unreiner Systoleton auf krankhaftes Ergriffensein dieses Organs. Die Stimme war jeden Morgen beim Aufstehen bis gegen 9 Uhr klanglos, das Sprechen dann nur ein leises Lispeln. Später wurde die Stimme zwar deutlicher, blieb jedoch den ganzen Tag hindurch unrein und mehr oder minder belegt.

Dass diese Erscheinungen ihren Grund mehr in Neurose als in der lokalen Affektion der Schleimhaut der Athemwege hatten, unterlag keinem Zweifel. Ob der Nervus recurrens vagi leidend war oder die Neurose einen anderen Grund hatte, will ich nicht entscheiden. Ein consensuelles Ergriffensein der Nerven liess sich indessen nicht ermitteln, da die Funktionen aller übrigen Organe gehörig von statten gingen.

Ein günstiges Resultat der Cur schien bei dem Charakter und der langen Dauer der Krankheit allerdings im voraus schon sehr zweifelhaft, ein Versuch jedoch gerechtfertigt. Leider zeigte sich derselbe erfolglos.

2. Bronchialcatarrh.

Unter den Krankheiten der Athemorgane kam dieses Leiden am häufigsten zur Behandlung und Neuenahr bewährte sich auch in diesem Jahre wieder als ein grossartiges Heilmittel bei demselben. Da, wo das Uebel rein und nicht mit Erweiterung der Bronchien und Affektion des Lungenparenchyms verbunden war, wurde durch eine volle Cur stets vollständige Heilung erzielt. Aber auch in complicirten Fällen und bei Curen von nur 3 bis 4 Wochen, war die wohlthätige Wirkung oft sehr in die Augen fallend, besonders wenn die Kranken durch asthmatische Anfälle gequält waren. Husten, Auswurf und die Anfälle von Dyspnoe minderten sich schon in der dritten Woche in merklichem Grade.

Besonderes Interesse boten folgende Fälle:

1) M. R., ein Mädchen von 9 Jahren und zarter Constitution, welches ausser einigen unbedeutenden Anschwellungen der Halsdrüsen stets gesund gewesen war, wurde im Herbste 1859 von akutem Brustcatarrh ergriffen, welcher, ungeachtet der sorglichsten ärztlichen und häuslichen Pflege, in den chronischen überging und allmällig einen schlimmen Charakter annahm. Husten und Auswurf wurden sehr stark, das Kind verlor seine Munterkeit, magerte ab und erregte, da Arzneimittel keinen Einhalt thaten, grosse Besorgniss. Die Aerzte empfahlen nun Neuenahr.

Das schöne Kind mit seinen grossen blauen Augen und erweiterten Pupillen, der weissen durchsichtigen

Haut, dem zarten Roth der Wangen und etwas aufgetriebenem Unterleibe trug die unverkennbaren Spuren des skrophulösen Habitus an sich. Es war ziemlich abgemagert, der Puls beschleunigt und schwach. Fieberhitze aber nicht vorhanden. Es hustete viel und warf dabei stets grosse Schleimmassen mit Leichtigkeit aus. Zuweilen wurden zugleich die vorhergenossenen Speisen durch Erbrechen entleert, aber auch dies ohne alle Anstrengung. Nachts röchelte es stark und wurde dann nicht selten im Schlafe gestört, schlief aber wieder ruhig fort, nachdem es einigemal gehustet und expektorirt hatte.

Bei der Untersuchung der Brust fand sich der Percussionston allenthalben gleichmässig hell, in beiden Lungen aber war grobes Schleimrasseln und Rhonchus sibilans überall zu hören.

Die Hartnäckigkeit des Uebels und das Fortschreiten desselben hatten offenbar in der skrophulösen Dyscrasie ihren Grund.

Es wurde Trink- und Badecur angeordnet. Der Erfolg war ein sehr befriedigender. In den ersten 8 Tagen zeigte sich stark vermehrter Appetit und das Erbrechen der genossenen Speisen blieb aus, dann bildeten sich sogenannte Sputa cocta, Husten und Auswurf minderten sich bedeutend. Das Kind wurde sehr munter und spielte und sprang fast den ganzen Tag im Freien umher. Nach 4 Wochen war Husten und Auswurf fast ganz verschwunden, in den Lungen kaum noch etwas Rasseln wahrzunehmen, das Aussehen des Kindes sehr blühend und die Körperfülle hatte merklich zugenommen. So kehrte das Kind mit seinem erfreuten Vater in die Heimath zurück, trank daselbst noch einige Zeit das Mineralwasser und ist seitdem ganz gesund.

2) Herr G., 60 Jahr alt, von ziemlich starkem Knochenbau, früher stets gesund, litt schon seit 9 Jahren an Husten und Auswurf, der im Winter stets heftiger war und sich im Sommer auf ein Minimum reduzirte. Den letzten Sommer war der Nachlass jedoch gering gewesen und den folgenden Winter stieg das Leiden höher, denn je. Husten und Auswurf wurden sehr bedeutend und es gesellten sich nun öfters, namentlich des Nachts, vollständige asthmatische Anfälle dazu. Arzneimittel brachten wenig Linderung. Er vertröstete sich auf das Frühjahr und den kommenden Sommer, jedoch vergebens. Die Qualen blieben dieselben. Sein Arzt schickte ihn nun hierhin.

Der Mann war ziemlich gut genährt, jedoch bleich und für seine Jahre sehr gealtert. Die Untersuchung der Brust ergab Rhonchus mucosus in den grösseren Bronchialästen und Rhonch. sibilans durch beide Lungen verbreitet. Die Percussion erwies dabei nirgends eine Dämpfung, welche auf krankhafte Affektion des Lungengewebes hätte schliessen lassen. Das Herz war gesund.

Er hustete viel und warf dabei sehr viel Schleim aus. Asthmatische Anfälle traten jede Nacht in mehr oder minder heftigem Grade ein und dauerten oft stundenlang. Die Zunge war dick mit Schleim belegt, der Appetit gering, der Puls beschleunigt, 82 Schläge in der Minute, schwach.

Er trank den Augustenbrunnen bis zu 6 Gläser, Abends die Hälfte. Nach 14 Tagen war seine Zunge ganz rein, der Appetit sehr gut, Husten und Auswurf begannen sich zu mindern. In der 3ten Woche erschien das Asthma seltener und war von geringerer Intensität und Dauer, in der 4ten hörte es ganz auf. Ende der 5ten Woche war Rhonch. mucos. ganz verschwunden und Rhonch. sibilans nur noch schwach in der linken Lunge wahrnehmbar, Husten und Auswurf sehr gering. Er verliess Neuenahr höchst erfreut, von seinen Qualen befreit zu sein, und ist es auch bisheran, wie ich vernehme, geblieben.

3. Verdichtung des Lungengewebes.

Die zur Behandlung gekommenen Fälle von Verdichtung des Lungengewebes waren theils durch akute Lungenentzündung entstanden, theils durch schleichende lokale Pneumonie in Folge wiederholter und langdauernder Catarrhe. Neuenahr bewies sich auch hier durch seine auflösende und die Resorption bethätigende Kraft. Der mit der Krankheit verbundene, meist trockene Husten wurde während der Cur feucht, die Expektoration kräftig und mit dieser begann das allmählige Schwinden der verdichteten Stellen. In leichten Fällen geschah dies innerhalb 4 Wochen, schwere erforderten aber lange Zeit, um vollständige Auflösung zu erlangen.

Herr P. 36 Jahr alt, gross und schlank, stammte aus einer Familie, in der hin und wieder Skropheln vorkamen. Er war bis zum 30sten Lebensjahre stets gesund. Seit dieser Zeit litt er aber häufig an Brustcatarrhen, besonders im Herbst und Winter, die von Jahr zu Jahr heftiger wurden. Seit dem letzten

Herbst hatte ihn der meist trockene Husten nicht mehr verlassen, er konnte nur auf der rechten Seite schlafen, sein Appetit verlor sich, die Kräfte liessen nach und sein Körper magerte ab. Da alle ärztliche Hülfe ohne günstigen Einfluss auf sein Leiden blieb, so glaubte er sich unbedingt der Schwindsucht verfallen und seine Gemüthsstimmung wurde eine sehr deprimirte. Er gab sein Amt auf, dem er schon seit längerer Zeit nicht mehr hatte vorstehen können, und beschränkte sich auf Hausmittel zur Erleichterung des oft quälenden Hustens. So kam der Sommer heran. Da hörte er, dass ein junger Mann, welcher in ähnlicher Weise gelitten habe, im vorigen Jahre in Neuenahr geheilt worden sei. Dies veranlasste ihn, sogleich hierhin zu reisen und mich zu fragen, ob ihm noch geholfen werden könne.

Er war bleich, mager und sehr niedergeschlagen. Die Percussion ergab in der Gegend des rechten oberen und mittleren Lungenlappens einen dumpfen Ton, die Auskultation im oberen kaum wahrnehmbares, im mittleren gar kein Athmungsgeräusch, im unteren rechten und oberen linken Lungenlappen Rhonch. sibil. Die Zunge war belegt, der Geschmack pappig, Esslust gering. Husten meist trocken, zuweilen jedoch mit Auswurf eines weisslichen durchsichtigen Schleimes. Athmen etwas beschleunigt, bei Treppensteigen und schneller Bewegung beengt. Puls 88 Schläge in der Minute, schwach.

Ich erklärte unumwunden, dass eine Verdichtung der Lunge vorhanden, dass man jedoch nicht mit Sicherheit bestimmen könne, ob diese eine gutartige oder durch Tuberkeln bedingt sei; die Anamnese spreche für das Erstere; wenn aber auch Tuberkeln beständen, so seien diese noch nicht in Verschwärung übergegangen und es könne dieser Uebergang durch Beseitigung des gleichzeitigen Bronchialkatarrhs und der dadurch bedingten anhaltenden Reizung der Lungen wahrscheinlich noch verhütet werden.

Er unterwarf sich nun einer geregelten Cur, die er 8 Wochen lang streng befolgte. Während derselben reinigte sich die Zunge, der Appetit wurde stark, der Husten anfangs vermehrt, dann unter kräftiger Expektoration von Tag zu Tag seltener, das Athmen leichter, Puls langsam und kräftiger, das Aussehen besser und der Körper nahm wieder Fülle an.

Bei seinem Abgange war der Husten ganz verschwunden, der Ton in der Gegend des oberen rechten Lungenlappens und das Athmungsgeräusch daselbst ganz klar, in der Gegend des mittleren der Ton noch ein wenig gedämpft und schwaches Vesikularathmen. Rhonch. sibil. allenthalben verschwunden. Er respirirte freier, konnte wieder auf beiden Seiten schlafen, rasche Bewegungen und Treppensteigen ohne alle Beschwerden vornehmen und sein Körper hatte 6 Pfund an Gewicht zugenommen. Er dankte dem Himmel, dass er ihn nach Neuenahr geführt.

Zu Hause hatte er noch zwei Monate lang das Mineralwasser getrunken und ist nach den mir gesandten Nachrichten ganz wohl geblieben.

H. F., 39 Jahr alt, wurde zwei Winter nacheinander von Pneumonie befallen. Von der letzten behielt er Engbrüstigkeit mit trockenem Husten und konnte nicht zu Kräften kommen. Arzneimittel richteten wenig aus und so sandte ihn sein Arzt hierhin.

Er sah sehr bleich aus, war abgemagert, das Athmen beschleunigt und die Brust schon bei mässigen Bewegungen sehr beengt. Husten meist trokken, zuweilen mit etwas weisslichem schaumigen Schleimauswurf.

Bei der Untersuchung der Brust fand sich vollständige Hepatisation des rechten unteren Lungenlappens. Der Ton war daselbst dumpf und das Athmungsgeräusch fehlte ganz. Die Zunge war belegt, der Geschmack klebrig, Appetit gering und täglich zwei bis drei weiche, zuweilen wässrige, stets schmerzlose Stühle.

Er trank den Victoriabrunnen bis zur Beseitigung des Darmkatarrhs in kleiner, dann in reichlicher Gabe. Während der Cur kehrte die Esslust zurück, die Verdauung wurde geregelt und Husten und Engbrüstigkeit unter vermehrter Expektoration eines anfangs dünnen, dann dicklichen Schleimes bedeutend vermindert. Nach 4 Wochen war der Ton an der hepatisirten Stelle weniger dumpf und daselbst wieder Athmungsgeräusch, wenn auch noch in schwachem Grade, wahrnehmbar. Sein Aussehen war ein weit besseres und die Kräfte hatten sich gehoben. Er trank noch ein Paar Monate lang zu Hause das Mineralwasser und verwaltet seitdem sein Amt wieder mit früherer Kraft.

4. Tuberkulose.

Neuenahr vermag ebensowenig die Tuberkulose zu heilen, wie irgend eine andere Mineralquelle in der Welt; und doch ist es ein sehr schätzbares Mittel in dieser verderblichen Krankheit: schätzbar dadurch, dass es dem drohenden Ausbruche der Phthisis vorzubeugen und die ausgebrochene Krankheit zu lindern und Naturheilung zu fördern vermag. Zwei Factoren sind es, die dabei thätig sind: 1) das Klima und 2) die Therme.

Gleich nach Auffindung der Quellen wurden die in hiesiger Gegend seit einer langen Reihe von Jahren fungirenden Aerzte um einen Bericht über den Gesundheitszustand von Beul (jetzt Neuenahr) und Umgebung aufgefordert. Derselbe befindet sich in dem gedruckten Projekt zur Nutzbarmachung der warmen Quellen und lautet in Bezug auf Tuberkulose also:

Die tuberkulöse Schwindsucht, welche auf der Oberahr und den benachbarten Hochebenen manches Opfer fordert, gehört unter den Einheimischen zu den seltensten Erscheinungen. In dem Dorfe Beuel, wo die Trinkbrunnen die mineralischen Bestandtheile der neuen Therme, wenn auch durch Beimischung von süssem Wasser in bedeutend geringerem Grade haben, hat sich diese Krankheit seit unserer zwanzig- bis dreissigjährigen Praxis bei keinem Einwohner ausgebildet. Nur Dr. Weidgen sah vor 15 Jahren einen dort Gebornen an derselben leiden, welche sich aber während dessen Dienstzeit in Cöln entwickelt hatte und bei seiner Heimkehr bereits in das letzte Stadium eingetreten war. Die Ursache dieser Salubrität kann nur in dem natronhaltigen Wasser der Trinkbrunnen und in dem milden Klima liegen. Dass das milde Klima des Thales auch auf Fremde einen wohlthätigen Einfluss ausübt, hat sich besonders bei denen erwiesen, welche mit schwachen Brustorganen, Neigung zu catarrhalischen Beschwerden und Anlage zur Tuberkulose einwanderten. Sie fühlten sich bald wohler, wurden von ihren früheren Leiden kaum heimgesucht, und bei den mit tuberkulöser Anlage Behafteten bildete sich die Schwindsucht nur äusserst selten und nur dann aus, wenn deprimirende und schwächende Einflüsse anhaltend auf sie einwirkten. Es ist daher wohl keine Gegend in Deutschland, welche zarten und empfindlichen Respirationsorganen und bei Anlage zu Tuberkulose zuträglicher wäre, als dieses schöne Thal und insbesondere Beul mit seinem milden Klima und günstigen tellurischen Einflüssen.

Remagen und Ahrweiler im März 1857.
    gez. der Königl. Kreisphysikus und Sanitätsrath Dr. Oberstadt, Distriktsarzt Dr. Praessar, Distriktsarzt Dr. Weidgen.

Diese langjährigen Beobachtungen, so wie die im vorigen Saisonbericht veröffentlichten, lassen keinen Zweifel, dass das hiesige Klima für Brustkranke ein sehr günstiges und in der Behandlung derselben von grosser Wichtigkeit ist. Selbst im letzten unfreundlichen Sommer befanden sich diese Kranken hier verhältnissmässig wohl und die Curerfolge waren recht erfreuliche.

Was die Therme selbst betrifft, so beruht ihre Wirksamkeit in der Bekämpfung des dem Ausbruche der Tuberkulose häufig vorhergehenden und ihn begünstigenden, und des mit der bereits begonnenen Verschwärung stets verbundenen Bronchialcatarrhs.

Wenn Personen mit tuberkulöser Anlage von Catarrhen ergriffen werden und diese in einen chronischen Zustand übergehen, so schweben sie in grosser Gefahr schwindsüchtig zu werden. Der Uebergang der Tuberkulose in das Stadium der Erweichung wird sehr drohend, wenn bei solchen Patienten unter fortwährendem Hüsteln, flüchtigen Stichen in der Brust und zeitweiliger Beengung des Athmens Appetit und Kräfte allmählig abnehmen. Solche Leidende gebrauchten auch in dieser Saison unsere Therme mit dem grössten Nutzen. Ich erwähne nur eines Falles, da dieser hinreichend die Wirkung derselben darthut.

Fräulein R., 20 Jahr alt, verlor als Kind beide Eltern an tuberkulöser Schwindsucht. Obschon von zarter Constitution, blieb sie bis zum 19ten Lebensjahre von Krankheiten verschont. Dann wurde sie aber öfter von catarrhalischem Husten befallen, von denen der letzte seit dem Winter nicht mehr den Arzneimitteln weichen wollte. Gegen das Frühjahr hin gesellten sich zu diesem meist trockenen Husten flüchtige Stiche, besonders im oberen Theile der linken Brusthälfte, das Athmen wurde bei rascher Bewegung beengt und Appetit und Kräfte begannen nachzulassen. In diesem Zustande schickte sie ihr Arzt nach Neuenahr.

Sie war bleich und mager, hatte eine belegte

Zunge, wenig Appetit und hüstelte viel, zuweilen mit etwas reinschleimigem Auswurf. Die Infraclaviculargegend war auf beiden Seiten der Brust etwas tiefer, wie gewöhnlich, der Percussionston daselbst dumpf, jedoch auf der linken Seite mehr und verbreiteter, und an diesen Stellen kein Vesikular-, sondern nur Bronchialathmen mit schwachem Rhonchus sibilans wahrnehmbar. Der Puls war schwach und beschleunigt, 90 Schläge in der Minute. Die Temperatur der Haut nicht erhöht.

Sie trank den Augustenbrunnen. Die Wirkung auf die Schleimhäute konnte man während der Cur deutlich verfolgen. Zuerst hob sich bei Reinerwerden der Zunge der Appetit, dann wurde der Auswurf häufiger und dicklicher und mit diesem Dicklicherwerden minderte sich allmählig der Husten, die Brust wurde freier und die flüchtigen Stiche schwanden. Nach sechs Wochen waren die subjektiven Krankheitserscheinungen verschwunden, das Aussehen besser, die Wangen zart geröthet, der Puls langsamer und der Körper hatte $4\frac{1}{2}$ Pfund an Gewicht gewonnen. Der Percussionston an den ergriffenen Stellen war noch gedämpft, jedoch weniger als früher und das Athmen daselbst ein zwar noch schwaches, aber deutliches Vesikularathmen.

Sie verliess Neuenahr gekräftigt und frei von Beschwerden und ist nach den mir zugekommenen Nachrichten bis zum heutigen Tage wohl geblieben.

Von allen Fällen, in denen ein gleiches Resultat erlangt wurde, ist mir bisheran noch kein Rückfall bekannt geworden. Die Zeit der Beobachtung erstreckt sich indess erst auf drei Jahre und ist demnach noch zu kurz, um daraus Schlüsse zu ziehen. Folgender Fall aber, den ich bereits 1858 behandelt und in meiner Schrift: Bad Neuenahr angeführt habe, und den ich seitdem oft Gelegenheit gehabt habe, weiter zu beobachten, legt ein beredtes Zeugniss für die Nachhaltigkeit der Wirkung des Neuenahrer Wassers ab. Er betrifft einen jungen Mann von 23 Jahren aus einem Dorfe der nahegelegenen Hochebene. Die Mutter und eine Schwester sind an der tuberkulösen Schwindsucht gestorben. Der Vater, Gemeindevorsteher K., kam im Sommer 1858 zu mir und klagte, dass sein Sohn gerade so zu kränkeln anfange, wie die Verstorbenen: er hüstle fortwährend, klage über Schmerzen und Beklemmung der Brust, Mangel an Appetit und Schwäche.

Die Untersuchung ergab die unverkennbaren physikalischen Zeichen von Tuberkeln im rohen Zustande im oberen Lappen jeder Lunge und Bronchialcatarrh. Er trank den Augustenbrunnen und wurde von seinen Leiden vollständig befreit. Seitdem habe ich ihn jedes Jahr öfter gesehen. Er ist stark und kräftig und verrichtet bis zum heutigen Tage die Arbeiten eines Ackerers.

Diese heilsame Wirkung der Therme und des Klimas bei einem so gefahrdrohenden Zustande berechtigt gewiss zu der Aufforderung, solche Kranke so früh als möglich einer hiesigen Cur zu unterwerfen. Das Aufschieben vom Herbst und Winter bis zum Sommer hat sicher in vielen Fällen seine grossen Nachtheile. Es ist aber auch nicht nöthig, weil die Einrichtungen unserer Etablissements der Art sind, dass Curen auch im Winter ausgeführt werden können, indem das Curhotel durch eine Glashalle mit dem Corridor des Badehauses verbunden ist, und die Kranken ihr Wasser trinken und ihre Promenaden machen können, ohne sich der kalten Luft aussetzen zu müssen. An milden Wintertagen aber, die hier durch den Abschluss von rauhen Winden häufig sind, wird der Aufenthalt im Freien nur wohlthätig sein.

Ueberhaupt möchte bei tuberkulöser Anlage und empfindlichen Respirationsorganen für Nordländer der hiesige Winteraufenthalt dem in einem südlichern Klima vorzuziehen sein, da, wie ich bereits in meinem vorigen Saisonberichte erwähnt habe, der Contrast der atmosphärischen Einflüsse bei einer Transplantation in eine fremdartige Zone so gross ist, dass die Nützlichkeit einer höheren Lufttemperatur mehr als aufgewogen wird von der Schädlichkeit der Anstrengungen, die der Organismus behufs seiner Acclimatisation bei herabgesetzten Kräften zu machen genöthigt ist.

Der Gedanke, zur Heilung von Krankheiten, welche durch ein Klima erzeugt oder begünstigt sind, ausser anderen zweckmässigen Mitteln und Massregeln auch die Versetzung des Leidenden in ein Klima von mehr oder minder entgegengesetztem Charakter zu benutzen, lag zu nahe, als dass er nicht schon seit langer Zeit in der ärztlichen Praxis ein allgemein anerkanntes und als unanfechtbar geltendes Bürgerrecht erlangt haben sollte. Insbesondere ward bis auf die Gegenwart die Wohlthätigkeit der Uebersiedelung brustkrank gewordener Bewohner des Nordens in den tiefen Süden für unzweifelhaft angesehen und von ihr überall, wo es die Mittel des Kranken nur erlaubten, mit grosser Zuversicht Gebrauch gemacht. Viel seltener wurde in umgekehrten Fällen der entgegengesetzte Weg eingeschlagen und den durch den Einfluss tropischer Klimate Erkrankten der Norden zum Aufenthalt empfohlen. Die neueste Zeit hat nun, nachdem ihr theoretische Zweifel über die Heilsamkeit der Vertauschung extremer Klimate aufgestiegen waren, diese einer genauen kritischen und erfahrungsmässigen Prüfung unterzogen. Namentlich sind über den Einfluss des Klimas warmer und heisser Länder auf Phthisische sorgfältige Nachforschungen angestellt worden, und diese haben die Wohlthätigkeit desselben, selbst in Bezug auf Madeira, das doch des nicht unerheblichen corrigirenden Einflusses einer Insel im Mittelmeere und einer reichen Vegetation sich erfreut, neuerdings sehr in Frage gestellt, ja geradezu negirt. Die französische Academie der Wissenschaften hat am Ende des vorigen Jahres ein Werk mit dem Preise gekrönt, in welchem der Satz aufgestellt und mit grossem Aufwande statistischen Materials verfochten ist, dass der Aufenthalt in warmen Himmelsstrichen die Produktion und Entwickelung der Phthisis begünstige. Zeuge dessen ist die überaus grosse Sterblichkeit an dieser Krankheit in den Tropen bei Matrosen und anderen Volksklassen, die ausser Stande sich befinden, den aufreibenden Einflüssen einer solchen Atmosphäre durch ihre Lebensweise, besonders durch ruhiges Verhalten, Schonung der Kräfte und gute Nahrung entgegenzuwirken. Die Erfahrung hat also der theoretischen Vermuthung über die Schädlichkeit heisser Klimate auf ihre Anfrage eine entschieden bejahende Antwort ertheilt. Und in der That, man kann sich nicht stark genug gegen eine Verirrung aussprechen, welche bei der Aufsuchung einer wärmeren Atmosphäre für einen Brustkranken sich keine Schranken setzen zu müssen glaubt. Obgleich die nächste Ursache der Tuberkulose unbekannt ist, da sich mit Sicherheit keine Dyskrasie nachweisen lässt und die Verminderung der Blutkörper, die Vermehrung des Fibrins im Blute, welche man häufig in dieser Krankheit findet, auch bei anderen Leiden vorkömmt und eher das Produkt als die Ursache zu sein scheint, so hat doch die medicinische Wissenschaft allgemein angenommen, dass eine Schwäche der Constitution, schlechte Ernährung des Körpers, eine grosse Disposition zur Tuberkulose mit sich bringt. Man wird es daher leicht begreiflich finden, dass eine hohe Temperatur der beständig umgebenden und eingeathmeten Luft Phthisichen nur nachtheilig sein kann, da die Wärme, in solcher Weise einwirkend, nicht blos r e i z t, sondern auch s c h w ä c h t. Sie reizt nicht nur den Organismus im Ganzen, sondern auch die Respirationsorgane im Besondern, wie uns der Catarrhus aestivus zeigt; und es geht die Reizung durch hohe Wärmegrade mit Depotenzirung einher, was sie von der Reizung durch hohe Kälte wesentlich unterscheidet.

Nach diesen Mittheilungen kann man daher wohl mit Recht annehmen, dass ein mit der Heimath des Kranken möglichst gleichartiges Klima, welches aber alle reizenden und aufreibenden Eigenschaften ausschliesst, als das Wohlthätigste in diesen krankhaften Zuständen betrachtet werden muss, und ich glaube nicht zu viel zu sagen, wenn ich für den Nordländer das hiesige, worin Brustleiden sehr selten vorkommen, als ein solches bezeichne.

Es hat bereits die gräfliche Familie St. wegen unseres Klimas hier ihren Winteraufenthalt genommen und findet den Einfluss desselben so wohlthuend, dass sie bis zum Frühsommer zu verweilen entschlossen ist.

Die ausgebrochene Tuberkulose mit mehr oder minder grossen Cavernen kam in dieser Saison ziemlich häufig zur Behandlung. Leider wurden mehre Kranken geschickt, die für eine Cur gar nicht mehr geeignet waren. Es war hart, die schönen Hoffnungen, die sie mit sich brachten, nicht nähren zu können und sie zurückschicken zu müssen, wenn sie nicht mit dem blossen Aufenthalte hierselbst zufrieden sein wollten.

Neuenahr passt nur in der chronischen Form der pulmonären Tuberkelkrankheit, welche in ihrem langsamen Verlaufe, kühler Haut und geringer Pulsfrequenz gleichsam den Charakter des Torpors an sich trägt.

In der floriden Form mit stärkeren Fieberexacerbationen, lebhafter Röthe der Wangen, trockener Hitze, anhaltendem Gefässerethismus und bei Neigung zu Bluthusten ist es durchaus contraindicirt, da es diesen Zustand als kohlensäurereiche alkalische Therme verschlimmern und die Aufreibung des Kranken beschleunigen muss.

Die Wirkung der Therme in diesem vorgerückten Stadium der Krankheit war ebenfalls zunächst auf die Schleimhäute gerichtet und erwies sich für die der Respirationsorgane und die der Verdauung gleich wohlthätig, der Appetit ward gestärkt, die Verdauung geregelt und dadurch die Blutbereitung vermehrt und verbessert. Durch die somit erlangte Steigerung der Ernährung und grössere Kräftigung des Gesammtorganismus, so wie durch die bedeutende Verminderung des stets vorhandenen Bronchialcatarrhs, welche jedesmal eintrat, wurde dann das Fortschreiten der Krankheit verlangsamt oder aufgehalten und die Beschwerden der Patienten in hohem Grade erleichtert. Eine Heilung der Cavernen aber konnte in der kurzen Zeit des Aufenthaltes am hiesigen Curorte nicht zur Beobachtung gelangen. Ob in diesem Jahre dieses glückliche Ereigniss wieder, wie im vorigen, in der Heimath eingetreten ist, weiss ich nicht. Nachrichten sind mir nicht zugekommen. Ich kann nur sagen, dass alle diese Kranken Neuenahr sehr zufrieden mit der erlangten Linderung ihrer Leiden verliessen.

Der Fall welcher einen tödlichen Ausgang nahm, ist folgender:

H. B. hatte eine grosse Caverne im oberen linken Lungenlappen und Bronchialcatarrh auf der ganzen linken Seite und dem oberen Theile der rechten. Der Husten war anstrengend und mit copiösem Auswurfe schleimigeitriger Massen verbunden. Das Aussehen war bleich, der Körper abgemagert, die Zunge belegt, der Appetit gering, Puls beschleunigt, 100 Schläge in der Minute, schwach, die Haut kühl.

Er trank den Augustenbrunnen. Die Wirkung war bei dem schon sehr heruntergekommenen Kranken trotzdem eine auffallend günstige.

Schon in den ersten 8 Tagen wurde die Zunge rein und der Appetit vermehrt, dann Husten und Auswurf leichter und seltener. Bei kräftiger Fleischkost und guter Verdauung hoben sich Kräfte und Ernährung. Nach 4 Wochen hatten sich die eingefallenen Wangen wieder etwas gerundet, das Aussehen war frischer, Husten und Auswurf geringer, die physikalischen Zeichen des Bronchialcatarrhs im oberen Theil der linken Seite ganz geschwunden, in der rechten sehr gemindert und der Körper hatte nahe 5 Pfund an Gewicht zugenommen; die Caverne war aber noch dieselbe. Er schrieb die freudigsten Briefe in seine Heimath. Den Tag vor seiner festgestellten Abreise fuhr er nach dem $2^{1}/_{2}$ Stunde von hier entfernten Orte Remagen und trank auf dieser Tour eine Flasche starken Rothwein. Abends spät kehrte er sehr erhitzt und aufgeregt zurück, wurde in der Nacht plötzlich von grosser Athemnoth befallen und verschied, ehe ich ihn erreichen konnte. Ein zerrissenes Blutgefäss hatte Bronchien und trachea mit Blut gefüllt und den Tod der Erstickung herbeigeführt.

II. Krankheiten der Unterleibsorgane.

1. Magencatarrh.

Die Zahl der damit behafteten war ebenfalls ziemlich zahlreich und die Curerfolge durchaus günstig. Die Heilwirkung offenbarte sich durch Reinwerden der Zunge, Vermehrung des Appetits und

Regelung des Stuhls unter allmähliger Abnahme aller mit dieser Krankheit verbundenen dyspeptischen und cardialgischen Beschwerden. Besonders wirksam zeigte sich Neuenahr bei abnormer Säurebildung und in den Fällen, wo das Leiden durch Ueberreizung in Folge luxuriöser Tafeln oder spirituöser Getränke entstanden war. Eine strenge Beachtung der vorgeschriebenen Cur war nöthig, da das Mineralwasser, um günstig zu wirken, anfangs nur in kleinen Gaben genommen und stärkere nur mit Vorsicht gereicht werden durften.

Bei kurzem Bestehen der Krankheit und gelinden dyspeptischen Erscheinungen, wurde oft in 14 Tagen bis 3 Wochen vollständige Heilung erlangt, bei langer Dauer und tiefem Ergriffensein mit Abnahme der Kräfte und der Ernährung in 4 bis 6 Wochen.

Leichte Fälle führe ich nicht an, da sie zu wenig Interesse bieten, von den schweren nur folgende:

1) Herr N., 45 Jahr alt, von ziemlich kräftigem Körperbau, hatte sich, ohne ein Trinker zu sein, bei fröhlichen Partieen öfteren Excessen im Genusse des Weines hingegeben. Nach denselben litt er stets an Sodbrennen und oft mehrere Tage an Appetitlosigkeit. In Folge dessen bildete sich vor zwei Jahren ein vollständiger Magencatarrh aus, der sich durch faden Geschmack, Mangel an Esslust, Gefühl von Druck und Völle nach jeder Mahlzeit, Aufstossen, Wasserbrechen, Auswürgen von Schleim und häufigen cardialgischen Beschwerden nebst unregelmässigem, meist trägem Stuhl kund gab. Arzneimittel hatten wohl von Zeit zu Zeit Linderung dieses Zustandes, aber nie vollständige Beseitigung zu Stande gebracht.

Seit etwa einem halben Jahre litt er mehr, denn je. Sein Appetit war sehr gering, das Wasserbrechen und Schleimauswürgen fast täglich, sein Körper magerte ab, die Kräfte liessen nach und die Gemüthsstimmung wurde eine sehr deprimirte. Die Aerzte verordneten nun Neuenahr.

Er sah bleich aus, war mager, Zunge belegt, Speichelabsonderung klebrig, Appetit äusserst gering und der Stuhl träge. Nach jeder Mahlzeit stellte sich ein belästigendes Gefühl von Spannung und Druck im Unterleibe ein, welches drei bis vier Stunden anhielt und dann unter Schleimauswürgen mit schmerzhafter Zusammenschnürung in der Magengegend schwand. In den Morgenstunden war der Unterleib allenthalben weich, Nachmittags etwas aufgetrieben, zu keiner Zeit aber Schmerz beim Druck oder Anschwellung irgend eines Organs wahrnehmbar. Der Puls war nicht beschleunigt, schwach, die Haut kühl, besonders an Händen und Füssen.

Schon in den ersten acht Tagen der Cur begann die Zunge reiner zu werden und der Appetit sich zu regen, obschon der Stuhl noch träger ward und durch Klystiere von Mineralwasser befördert werden musste. Zugleich verminderte sich der Druck nach dem Essen und das Wasserbrechen und Schleimauswürgen wurde seltener. Allmählig stellten sich dann regelmässige Darmausleerungen ein und nun verloren sich die dyspeptischen Beschwerden vollständig. Seine trübe Gemüthsstimmung wurde wieder eine heitere, sein Aussehen frischer und der Körper kräftiger. Nach sechs Wochen verliess er Neuenahr mit sehr gutem Appetit, normaler Verdauung und in sehr freudiger Stimmung. Eine Störung in seinem Wohlbefinden ist seitdem nicht mehr eingetreten.

2) N. N., 60 Jahr alt, von kräftiger Constitution, war zufolge seines Standes an reiche Tafeln angewiesen. Obschon er ein nüchterner Mann war und die Grenzen der Mässigkeit nicht überschritt, so wurde er doch oft von dyspeptischen Beschwerden heimgesucht, die zuletzt einen sehr ernsten Charakter annahmen. Er fing an bleich auszusehen, erbrach alle Speisen und magerte ausserordentlich schnell ab. Das Einzige, was nicht stets ausgebrochen wurde, war saure Milch: seit vier Wochen sein einziges Nahrungsmittel. Da Arzneien fruchtlos waren, beschloss sein Arzt, Neuenahr zu versuchen.

Er sah bleich aus, war abgemagert, die Zunge schleimig belegt, Geschmack pappig, Speichelabsonderung sehr vermehrt und klebrig und der Appetit äusserst gering. Täglich erbrach er in öfteren Anfällen eine schleimige Flüssigkeit, die oft mit der genossenen sauren Milch vermischt war und nach der chemischen Untersuchung einen starken Gehalt an Salzsäure hatte. Dem Erbrechen gingen gewöhnlich ziemlich starke kolikartige Schmerzen voraus und Hände und Füsse waren dann eiskalt. Der Unterleib war eingefallen, nirgends schmerzhaft beim Druck und nur in der Gegend des Pylorus eine geringe Auftreibung fühlbar.

Er trank den Victoriabrunnen. Nach acht Tagen war die Zunge und der Geschmack reiner, das Erbrechen seltener und er sehnte sich wieder nach Fleischkost. Kleine Gaben gehacktes Kalbfleisch und

Geflügel wurden vertragen. Nach vier Wochen konnte er kräftige Fleischspeisen zu sich nehmen, Erbrechen, Säurebildung und die kolikartigen Schmerzen hatten aufgehört, sein Aussehen war besser und die Verdauung normal. Die Auftreibung in der Gegend des Pylorus liess sich kaum noch wahrnehmen. Er schied in froher Stimmung und sehr zufrieden mit dem erlangten Curresultat. Auf einer Reise wurde er später nochmals von Erbrechen heimgesucht, jedoch in weit geringerem Grade. Weilbacher Wasser beseitigte diesen Anfall und er befindet sich seitdem ganz wohl.

2. Darmcatarrh.

Hern M., 47 Jahr alt, von zartem Körperbau, wurde mehrmals von akuter catarrhalischer Diarrhoe befallen, von denen die letzte vor einem halben Jahre einen chronischen Charakter annahm. Fast täglich erfolgten mehre dünne Stühle, meist mit grünlichem Schleime vermischt. Aufgetriebenheit des Unterleibes, Kollern und kolikartige Schmerzen waren die gewöhnlichen Vorboten. Dabei verlor sich der Appetit, er magerte ab und es bemächtigte sich seiner eine ungewöhnlich traurige Gemüthsstimmung mit Aengstlichkeit. Arzneien hatten wohl die Stühle auf ein paar Tage sistirt, dann kamen dieselben aber mit grösserer Heftigkeit und Qual zurück. So kam der Sommer heran, wo auf Verordnung seines Arztes Neuenahr in Anspruch genommen wurde.

Der Kranke hatte ein leichenhaft bleiches Aussehen, war abgemagert und verrieth neben einer grossen Aengstlichkeit zugleich eine ungemeine Weichheit des Gemüths. Jede kleine Aufregung, fröhliche oder herabstimmende, brachte ihn zu Thränen. Die Zunge war belegt, der Appetit gering, Unterleib weich, nirgends schmerzhaft beim Druck, nirgends eine Anschwellung entdeckbar. Die Stühle waren dünn, mit grünlichem gallertartigem Schleime und unverdauten Speisetheilchen vermischt. Der Puls wenig beschleunigt, schwach.

Eine streng geordnete Diät und Cur befreite diesen Mann innerhalb vier Wochen gänzlich von seinen Leiden. Er verliess Neuerahr mit sehr gutem Appetit, normaler Verdauung und Thränen des Dankes.

3. Blasencatarrh.

Herr L., 56 Jahr alt, ein hagerer, sonst kräftiger Mann, welcher viel an den Studiertisch gebunden war und den Urin oft gewaltsam zurückgehalten hatte, wurde, ohne dass sich eine andere veranlassende Ursache auffinden liess, seit etwa acht Monaten von dysurischen Beschwerden heimgesucht. Die Untersuchung des Urins stellte das Vorhandensein eines catarrhalischen Blasenleidens ausser allen Zweifel. Die dagegen angewandten Arzneimittel erwiesen sich indessen wenig hülfreich und so wurde er nach Neuenahr verwiesen.

Die Harnentleerung ging zuweilen ohne Beschwerden, meist aber unter schwerzhaftem Drängen vor sich. Dies letztere war besonders dann der Fall, wenn der Harn länger zurückgehalten wurde, wobei dann die zuerst kommende Flüssigkeit fast aus purem

Schleim bestand. Der Urin war milchig trübe, flokkig und setzte einen weisslichen, gallertartigen Schleim in grosser Masse ab. An Blase, Urethra und Prostata liess sich durch äussere und innere Untersuchung nichts krankhaftes auffinden. Ernährung und Kräfte hatten wenig gelitten. Der Puls war ruhig, Appetit mässig, Durst gering und Verdauung normal.

Er trank den Victoriabrunnen bis zu 6 Gläsern und nahm Bäder von 27° R.

Bald zeigte sich eine Vermehrung der Urinabsonderung, der Harn begann klarer zu werden und das schmerzhafte Drängen sich zu mindern. Nach vier Wochen war der Urin vollständig klar und die Dysurie gänzlich geschwunden.

4. Anschwellung der Leber.

Fünfzehn Personen suchten Hülfe wegen dieses Leidens, von denen zwei abgewiesen werden mussten, weil die höckerige Beschaffenheit der stark vergrösserten Leber einen Zustand bezeichnete, bei welchem Neuenahr machtlos ist. Die übrigen fanden entweder Heilung oder Besserung.

Die Anschwellungen waren theils Folge vorhergegangener Catarrhe der Gallenwege, Icterus, theils und der Mehrzahl nach durch Pfortaderstockungen und Wechselfieber hervorgerufen.

Die Wirksamkeit der Cur offenbarte sich zunächst in der Beseitigung der diese Krankheit gewöhnlich begleitenden Störungen der Verdauung und dann durch vermehrte Gallenabsonderung, die sich durch die Farbe der Stühle und zuweilen durch reichlichen

Abgang purer Galle kund gab. Mit dieser Anregung der Gallenausscheidung begann die Abschwellung der Leber.

Eine zartgebaute Dame von 50 Jahren, Mutter von 9 Kindern, wurde vor drei Jahren von lang anhaltender Gelbsucht heimgesucht. Eine Erkrankung des Parenchyms der Leber liess sich nicht auffinden. Seitdem blieb die Gesichtsfarbe aber stets etwas gelblich und es stellten sich oft Verdauungsstörungen und cardialgische Beschwerden ein. Den letzten Winter steigerten sich diese zu bedeutendem Magenkrampf mit Erbrechen. Die Untersuchung ergab nun eine Leberanschwellung. Nach Beseitigung des Krampfes und des Erbrechens blieb das Befinden ein getrübtes. Appetitlosigkeit, Aufstossen, Druck in der Magengegend und unregelmässiger, meist träger Stuhl, so wie Abnahme der Kräfte und des Körperumfangs verriethen eine fortdauernde Störung der Verdauung und Ernährung. Arznei richtete wenig aus und man entschied sich deshalb für Neuenahr.

Die Dame hatte einen blassgelben Teint, war mager und sehr niedergeschlagen. Die Zunge mit gelblichem Schleime belegt, Geschmack bitter, Appetit sehr gering. Nach dem Essen trat ein Gefühl von schmerzhaftem Drucke in der Magengegend ein, verbunden mit häufigem erleichterndem Aufstossen. Die Leber ragte stark zwei Finger breit unter den Rippen hervor, war schmerzlos beim Drucke und gleichmässig glatt anzufühlen. Der Urin war durch Gallenpigment dunkel gefärbt, Stuhl träge und die Faeces thonartig. Puls langsam, 64 Schläge in der Minute, schwach.

Die erste günstige Wirkung der Cur offenbarte sich durch Reinwerden der Zunge und Zunahme des Appetits unter Nachlass des Druckes und des Aufstossens nach dem Essen. Dann wurde der Stuhl regelmässiger, die Faeces bekamen ein braunes Aussehen und die Abschwellung der Leber begann. Nach fünf Wochen war dieselbe unterhalb der Rippen nicht mehr wahrnehmbar, die Gesichtsfarbe rein und alle früheren Störungen im Befinden geschwunden. So ist es auch, wie mir mitgetheilt wurde, den Winter geblieben und Kräfte und Ernährung haben in erfreulicher Weise zugenommen.

Herr D., 57 Jahr alt, kräftig gebaut, welcher bei Mangel an Bewegung und reichlichen Mahlzeiten ziemlich fettleibig geworden war, wurde seit mehr als einem Jahre häufig von Appetitlosigkeit, Aufgetriebenheit und Spannung des Unterleibes, trägem, hartem Stuhl und schmerzhaftem Druck im Kreuz befallen, theils mit, theils ohne Abgang von wenig Blut per anum. Früher hatte er stark fliessende Hamorrhoiden gehabt. Zu diesen Beschwerden gesellte sich allmählig eine sehr deprimirte Gemüthsverfassung und grosse Trägheit des Körpers. Bei der Untersuchung fand man eine Leberanschwellung und den Urin sehr reich an Harnsäure und harnsauren Salzen. Dies, so wie die Abneigung des Kranken gegen Arzneimittel und abführende Mineralwasser veranlasste die Aerzte, ihn nach Neuenahr zu schicken.

Er hatte ein bleiches, etwas aufgedunsenes Gesicht, die Sclerotica nach den äusseren Augenwinkeln hin eine schmutziggelbe Färbung, Zunge weiss-

lich belegt, Geschmack fade, Appetit gering, Stuhl
träge, Urin stark sauer reagirend. Die Ausdehnung
der Leber war bei starkem Fettbauche schwer zu
ermitteln, jedoch liess der Percussionston und die
Untersuchung bei erschlafften Bauchmuskeln eine
Anschwellung erkennen, die etwa drei Finger breit
unter den Rippen hervorragte und allenthalben gleichmässig glatt und weich erschien.

Nach einer Cur von sechs Wochen war der Ton
unterhalb den Rippen ganz hell und man konnte eine
Hervorragung der Leber nicht mehr wahrnehmen.
Dabei der Appetit vortrefflich, die Verdauung normal und der Urin nur schwach sauer reagirend. Die
trübe Gemüthsstimmung hatte einer heiteren Platz
gemacht und sein Vorhaben, eine Reise durch die
Schweiz zu unternehmen, zeugte von bedeutender
Minderung der früher vorhandenen Trägheit.

In folgendem Falle wurde von einer vierwöchi-
gen Cur nur Besserung erlangt:

G. H., 36 Jahr alt, litt im dritten Jahre an allen
Erscheinungen des Icterus: gelbe Färbung der Haut,
weissgefärbte Faeces und dunkeln Harn. Diese Erscheinungen traten oft stärker, oft schwächer auf,
waren aber permanent. In der ersten Zeit des Leidens hatte man an der Leber nichts krankhaftes ent-
deckt, als sich aber Schmerz in der Magengegend,
besonders nach dem Essen einstellte nebst Neigung
zu Diarrhoe und lästigem Hautjucken, fand man eine
Anschwellung des linken Leberlappens. Sein Arzt
verwies ihn nun nach Neuenahr.

Der Kranke hatte bei seiner Ankunft eine stark
gelbgefärbte Haut, bittern Geschmack, dunkeln Urin,

voll von Gallenpigment und weissliche Stühle. Der linke Leberlappen war bedeutend angeschwollen, hart und beim Drucke schmerzhaft, offenbar entzündlich.

Nachdem die Entzündung durch Blutegel beseitigt, wurde zur Trink- und Badecur geschritten. Die Wirkung schien sehr hülfreich, die gelbe Farbe verlor sich mehr und mehr, der Urin wurde heller, Stuhl regelmässig und braun und die Abschwellung der Leber begann. Diese ging aber, wie sich das bei dem verhärteten Gewebe auch nicht anders erwarten liess, nur sehr langsam von Statten und betrug nach vier Wochen kaum ein Drittel. Da der Kranke sich wohl fühlte und grosse Sehnsucht zu den Seinigen hatte, so wollte er sich der Fortsetzung der Cur nicht länger unterziehen.

5. Krankheiten des Uterus.

Bei der Zunahme der Frequenz unseres Bades konnte es nicht ausbleiben, dass Krankheiten des Uterus und der Vagina reichlich vertreten waren. Die chemische Constitution unserer Therme, das milde Klima und die früher erlangten Curresultate bürgten dafür.

Neuenahr entfaltete auch hier zunächst seine Wirksamkeit in der Schleimhaut dieser Organe. Durch vermehrte Thätigkeit wurden die Absonderungen regulirt, Exsudate aufgesogen und dadurch Menstruationsstörungen, Anschwellung des Uterus, Fluor albus und auch die auf diesen Leiden beruhende Sterilität beseitigt. Besonders wohlthuend zeigte es sich bei schwächlichen und hysterischen

Personen. Der mild auflösende Brunnen, die Kohlensäure-reichen belebenden Bäder und die schöne Gegend vereinigten sich, um gleich heilsam auf das erkrankte Organ, wie auf die Schwäche des Gesammtorganismus und insbesondere des Nervensystems einzuwirken.

Frau J., früher ziemlich kräftig, hatte bei fünfmaliger Niederkunft sieben Kinder geboren, selbst gesäugt, viele Blutverluste und langwierigen Fluor albus gehabt und war durch alle diese Stürme sehr heruntergekommen und der Hysterie in hohem Grade verfallen. Bei ihren vielen und wechselnden Klagen blieb ein schmerzhafter Druck im Kreuz und öftere Stuhlverhaltung constant. Die gereichten Pillen aus Aloë und Rheum brachten zwar momentane Erleichterung, ihr Gefühl von Schwäche nahm aber dabei zu. Da ihr Arzt dies wenig achtete, indem er es der Hysterie zuviel zuschrieb, wandte sie sich an einen Homöopathen. Derselbe erklärte die Krankheit für eine Leberaffektion, vermochte jedoch durch seine Pülverchen keine günstige Veränderung ihres Leidens hervorzubringen. Das Leiden schritt vielmehr fort und sie fühlte sich den letzten Winter so hinfällig, dass sie das Zimmer nicht mehr verlassen konnte und fast den ganzen Tag liegend zubringen musste. Kreuzschmerzen und Verstopfung nahmen zu und nach dem Gebrauche von Stahl'schen Pillen, die ihr angerathen waren, entleerten sich oft unter schmerzhaftem Drange mit Schleim und Gerinsel vermischte Kothmassen. Es wurde nun ein erfahrener, in Ruf stehender Arzt consultirt, welcher eine Senkung des Uterus mit Anschwellung der Vaginalportion und eine erkrankte Stelle des Dickdarms fand, von der ohne Zweifel das Gerinsel im Stuhle, wahrscheinlich Epithelium, herrührte. Nachdem die Kräfte durch passende Diät und gelind tonisirende Mittel etwas gehoben waren, schickte sie derselbe nach Neuenahr.

Bei ihrer Ankunft sah sie sehr bleich aus, war mager und fühlte sich durch die Reise so erschöpft, dass sie sich sogleich hinlegen musste und kaum ein Wort sprechen konnte. Bei der am folgenden Tage unternommenen Untersuchung fand ich die Diagnose des letzten Arztes vollkommen bestätigt. Der Uterus stand tief und die angeschwollene Vaginalportion nach links und hinten, auf den Mastdarm drückend. Im linken Hypochondrium war das Colon transversum, nahe der Flexura sinistra, in der Länge von etwa zwei Zoll aufgetrieben und schmerzhaft, jedoch nur beim Druck. Dagegen klagte sie noch über Kreuzschmerzen und hartnäckige Verstopfung. Der Appetit war gering, die Gemüthsstimmung sehr traurig, fortwährend standen ihr Thränen in den Augen.

Sie trank den Victoriabrunnen, nahm anfangs nur Vollbäder von kurzer Dauer und später auch Sitzbäder und Uterusdouchen von kleinem und schwachem Strahl zu grösserem und kräftigerem steigend. Der Stuhl wurde durch Klystiere von demselben Mineralwasser befördert.

Nach sechs Wochen war die Frau ganz verändert, ihr Aussehen frisch, ihr Körper kräftiger, Appetit vortrefflich und die Gemüthstimmung sehr heiter. Der Uterus stand höher, die Anschwellungen der Vaginalportion und des Colon waren verschwunden, Menses und Stuhl normal. Sie verliess Neuenahr hocherfreut, von ihren langen traurigen Leiden befreit zu sein.

III. Krankheiten der Blutmischung und des Nervensystems.

1. Gicht und Rheumatismus.

Gichtkranke und Rheumatiker kamen in nicht unbedeutender Anzahl zur Behandlung. Die Curerfolge waren aber in dieser Saison weniger schnell und eklatant, als in der vorigen. Die Ursache lag offenbar in der kühleren Temperatur der Atmosphäre des letzten Sommers. Es zeigte sich dies am deutlichsten bei denjenigen Kranken, welche Neuenahr zum zweitenmal besuchten und sich auch jetzt nach dem Bade ins Bett legen mussten. Während sie in der vorigen Saison jedesmal in einen starken Schweiss geriethen, wurde in dieser die Haut selten mehr als mässig feucht. Der grosse Abstand der Badewärme von 27° R. und der Lufttemperatur von 14° bis 18° R. wirkte schon der Art kühlend auf die Haut, dass die durch das Bad erregte Thätigkeit der Hautnerven bedeutend abgestumpft und dadurch eine starke Perspiration vereitelt wurde. Nichts destoweniger waren die Curresultate im allgemeinen befriedigend, besonders in den Fällen, wo keine bedeutende Anschwellung der Gelenke, die zur Schmelzung und Aufsaugung reichlicher Schweisse bedurften, vorhanden war. Chronische Rheumatismen und torpide

Gichtformen mit deutlich hervortretenden Zeichen der harnsauren Diathese: hochsauer reagirendem Urine, Verdauungsstörungen, Säurebildung im Nahrungskanal und Hämorrhoidalbeschwerden wurden auch im letzten Sommer mit dem besten Erfolge behandelt. Die heilsame Einwirkung der Therme offenbarte sich zuerst in den Digestionsorganen und zwar oft in auffallend kurzer Zeit. Der Appetit wurde ein vortrefflicher, die Magensäure getilgt und der Stuhl geregelt. Dann nahm die saure Beschaffenheit des Urins ab, die früher trockene und welke Haut wurde und blieb weich und geschmeidig und die lokalen Leiden schwanden mehr und mehr.

Herr M., 50 Jahr alt, von ziemlich kräftigem Körperbau, wurde seit drei Jahren öfter von Podagra mit Verdauungsstörungen und Hämorrhoidalbeschwerden heimgesucht. Die podagrischen Anfälle begannen stets in der rechten grossen Zehe und verbreiteten sich dann auf das Fussgelenk. Colchicum, Aconit und erwärmte Kleien hatten die Anfälle gewöhnlich in 8 bis 14 Tagen beseitigt; sie kehrten aber stets heftiger zurück, und es bildete sich nach und nach eine Anschwellung und Steifigkeit des rechten Fussgelenkes, wodurch das Gehen erschwert wurde. Sein Arzt empfahl ihm Neuenahr.

Er hatte ein cachektisches Aussehen, trockene welke Haut, geringen Appetit, häufiges Sodbrennen, schmerzhaften Druck im Kreuz, trägen Stuhl und stark sauer reagirenden Urin. Der Ballen der rechten grossen Zehe und das Fussgelenk waren angeschwollen und die Beweglichkeit des Gelenkes sehr gemindert. Schmerz war nicht vorhanden.

Schon in den ersten 8 Tagen der Cur steigerte sich der Appetit und das Sodbrennen liess nach. Dann regelte sich allmählig der Stuhl, der schmerzhafte Druck im Kreuz schwand, die Haut wurde weich und geschmeidig und der Harn reagirte weniger sauer. Unter Anwendung der Douche im warmen Bade verlor sich nun die Anschwellung mehr und mehr und mit ihr die Steifigkeit des Gelenkes. In der fünften Woche verliess er Neuenahr frisch und wohl aussehend und frei von allen Beschwerden.

Oberst N., 53 Jahr alt, von kräftiger Constitution, litt seit einer Reihe von Jahren an gichtischen Beschwerden mit anomalem Verlaufe. Diese traten theils als Verdauungsstörungen, theils als krankhafte, in Intervallen erfolgende Ausscheidungen auf. Die Verdauungsstörungen äusserten sich durch Mangel an Appetit, Druck und Völle im Magen, Gasentwickelung im Darmkanale und Unregelmässigkeit der Darmentleerungen. Die krankhaften Ausscheidungen gingen selten durch diejenigen Sekretionsorgane, welche im Bereiche der pathologischen Norm liegen; bei weitem häufiger wurden Organe in Anspruch genommen, welche einen anomalen Krankheitsverlauf bedingen, nämlich die äussere Haut und die fibrösen Häute. Im ersten Falle entstand ein unerträgliches Hautjucken, welches zuweilen von Hautausschlag begleitet war, im letzteren Falle circumscripte, mit elastischer Anschwellung verbundene Knochenhautentzündungen. Nicht selten erschienen Schmerzen in den unteren Rippen der rechten Brustseite, welche in Folge eines Sturzes mit dem Pferde früher verletzt worden waren. Seit den letzten fünf

Jahren hatte der Kranke zu wiederholten Malen in der Garnison auflösende Mineralwasser getrunken, und ihr Erfolg war in sofern befriedigend, als dadurch immer ein relatives Wohlbefinden erzielt worden war. Die mehrfache Wiederkehr des Leidens erforderte jedoch zugleich eine Badecur und so wurde Neuenahr in Anspruch genommen.

Eine vierwöchige Trink- und Badecur brachte ihm frisches Aussehen, sehr guten Appetit, geregelte Verdauung, normalsauren Urin, Befreiung von allen Beschwerden und eine sehr heitere Stimmung. Seitdem hat sich, wie mir mitgetheilt wurde, nichts Krankhaftes mehr gezeigt.

2. Gries.

Die Wirkung auf harnsauren Gries war auch in dieser Saison eine der günstigsten. Der Abgang begann meistens schon in den ersten acht Tagen der Cur, selten später als in der zweiten Woche. Er erfolgte gewöhnlich ohne alle Beschwerden und dauerte 8 bis 14 Tage lang. Nur in einem Falle trat heftiger Schmerz in der Nierengegend ein, der jedoch durch warme Bäder und Umschläge alsbald in bedeutendem Grade gelindert und in ein paar Tagen gänzlich gehoben wurde. Ein Kranker besuchte Neuenahr zum zweitenmal. Er hatte in der vorigen Saison einen reichlichen Abgang von Gries gehabt und war den Winter und das Frühjahr von seinen früheren Leiden verschont geblieben. Mit dem Beginne des Sommers regten sich wieder die alten Beschwerden und sein Arzt drang nun darauf, die Cur zu wiederholen. In der zweiten Woche zeigte sich wieder Gries im Urin, jedoch in weit geringerer Menge, als früher. Nach achttägigem Abgange liess sich nichts mehr auffinden. Die harnsaure Diathese war somit durch die frühere Cur schon wesentlich gemindert worden. Ob die jetzige Saison eine gänzliche Tilgung hervorgebracht hat, lässt sich noch nicht bestimmen. Zur sicheren Erreichung empfahl ich den längeren Fortgebrauch des Mineralwassers in der Heimath und es sind bis jetzt krankhafte Erscheinungen nicht wieder hervorgetreten.

3. Skropheln.

Neuenahr zeigte sich besonders wohlthätig bei skrophulösen Affektionen der Schleimhäute. So wurden auch in diesem Jahre Ozaena nasalis und langdauernde Ausflüsse aus den Ohren durch Trink- und Badecur mit gleichzeitiger Anwendung von Einspritzungen des Mineralwassers geheilt. Die günstige Wirkung gegen Blennorrhoe der Bronchien auf skrophulösem Boden habe ich bereits bei der Abhandlung dieser Krankheit berührt. Gleich wirksam war die Therme bei Ergriffensein des Tractus intestinalis und selbst da noch, wo die Verdauung und Ernährung schon tief gesunken waren.

Ein skrophulöses Mädchen von 8 Jahren litt seit der Dentitionsperiode bald an Augenentzündung, bald an Ausschlag und Anschwellung der Halsdrüsen. Diese Leiden wurden durch sorgfältige Diät und Arzneimittel stets beseitigt. Vor etwa einem halben Jahre trat plötzlich, ohne dass man eine Ursache auffinden konnte, eine ziemlich heftige Diarrhoe ein, welche zwar auch momentan sistirt wurde, aber bald wiederkehrte und einen chronischen Charakter annahm. Dabei magerte das Kind bedeutend ab und verfiel in eine sehr mürrische Stimmung. Arzneien, Malz- und Kreuznacher Mutterlaugenbäder vermochten nichts gegen dieses Leiden. Als sich nun auch Anschwellung der Gekrösdrüsen einstellte und man den Uebergang in Tabes mesenterica befürchtete, so entschloss man sich, die Therme von Neuenahr zu versuchen.

Das Kind hatte ein bleiches cachektisches Aussehen, war abgemagert, die Zunge mit weissem Schleime belegt, der Geruch aus dem Munde sauer, der Appetit sehr gering, der Bauch aufgetrieben und beim Betasten desselben einige schmerzlose knotige Anschwellungen fühlbar. Täglich erfolgten zwei bis vier dünne, mit grünlichem Schleime und unverdauten Speiseresten vermischte Stühle von säuerlichem Geruche. Der Puls war beschleunigt und schwach, die Haut kühl, Fieberaufregung fehlte.

Bei sorgfältiger Anwendung des Victoriabrunnens und des Bades, so wie strenger Beachtung der anfangs nur aus Bouillon bestehenden Diät, begann in der zweiten Woche die Zunge sich zu reinigen und der saure Geruch aus dem Munde nachzulassen. Nun fing der Appetit an sich zu regen und die Stühle wurden seltener und reicher an Fäcalstoffen. Nach 4 Wochen war die Verdauung geregelt, der Appetit gut, das Aussehen frischer, das Kind hatte sein mürrisches Wesen verloren und konnte fast den ganzen Tag im Freien zubringen. Die Anschwellung der Gekrösdrüsen hatte sich erheblich vermindert. Ende der fünften Woche verliess es Neuenahr sichtlich gestärkt, ist seitdem nicht mehr leidend gewesen und jetzt wohlgenährt und gestärkt.

Nächst den Schleimhäuten waren es die Drüsen, in denen sich die günstige Wirkung Neuenahrs gegen Skrophulosis darthat. Schmerzlose Anschwellungen von mässigem Umfange zertheilten sich in der Regel innerhalb 3 bis 4 Wochen und in dem im vorigen Saisonsberichte erwähnten Falle, wo seit 5 Jahren am Halse und in der Achselhöhle steinharte Drüsengeschwülste von bedeutender Grösse bestanden, gegen die der innerliche und äusserliche Gebrauch von Jod, Leberthran u. s. w. nichts ausgerichtet hatte, brachte der langfortgesetzte Gebrauch des Mineralwassers und eine Wiederholung der Badecur in dieser Saison eine bedeutende Abnahme.

4. Wechselfiebercachexie.

Vier Fälle kamen zur Behandlung. Die Kranken waren sämmtlich aus Holland. Sie hatten ein erdfahles Aussehen, geringen Appetit, unregelmässigen Stuhl und trübe Gemüthsstimmung. Bei allen fand sich Anschwellung der Leber, bei einem zugleich Anschwellung der Milz und bei diesem auch Eiweis im Urin und ödematöse Anschwellung der Füsse. Drei Kranke hatten zur Zeit noch Fieberanfälle, welche bei einem ohne Kältestadium eintraten. Bei den zwei andern offenbarte sich dieses nur durch ein geringes Kältegefühl in den Beinen.

Schon in den ersten acht Tagen der Cur vermehrte sich der Appetit, die Fieber wurden schwächer und blieben länger aus, dann regelte sich allmählig der Stuhl, das Aussehen wurde frischer, das Gemüth freier und zuletzt schwanden die Fieber ganz. Nach 4 bis 5 Wochen war die Leber frei und die Milzanschwellung bedeutend vermindert. Im Allgemeinbefinden zeigte sich nichts krankhaftes mehr. Sie kehrten in ihre Heimath zurück und sind nach den mir zugekommenen Nachrichten nicht mehr von Intermittens heimgesucht worden.

5. Hypochondrie.

Unser an Naturschönheiten so reiches Thal mit den herrlichen Aussichten auf den Spitzen der Berge, der reinen erfrischenden Luft und die mild auflösende, die Funktion der Verdauungsorgane regelnde und zugleich belebende Therme hatte viele Aerzte veranlasst, hypochondrische Kranke hierhinzuschicken. So war die Zahl der Hülfesuchenden dieser Kategorie in der letzten Saison schon eine ziemlich zahlreiche. Alle diese Kranken hatten mehr oder minder mit Unterleibsbeschwerden zu schaffen, die auf Stockungen im Pfortadersysteme hinwiesen und sich durch Magendruck, besonders nach dem Essen, Spannung und periodische Aufgetriebenheit des Unterleibes, Blähungen und unregelmässigen, meist trägen Stuhl, mit und ohne Hamorrhoidalfluss kund gaben. Zu diesen Beschwerden gesellte sich oft Eingenommensein des Kopfes, Schwindel, Schlaflosigkeit und das Gefühl der Unbehaglichkeit und Schwäche. Die Esslust war meistens gering.

Die Wirkung der Therme äusserte sich zunächst

in Verbesserung des Appetits und allmähliger Regelung des Stuhls mit Nachlass der krankhaften Gefühle. Dadurch gewannen die Kranken bald ein grösseres Vertrauen zur Cur, als sie seit langem andern Mitteln geschenkt hatten; sie unterzogen sich in Folge dessen bereitwillig jeder Anordnung und erstiegen mit Freuden die oft mühsam zu erreichenden Berghöhen. - Die frische Luft, die körperliche Bewegung und der Anblick der vor ihnen sich entfaltenden reizenden Landschaftsbilder verfehlten nicht, einen gleich heilsamen Einfluss auf den erkrankten Organismus, wie auf das verstimmte Gemüth auszuüben. Sie kamen stets heiterer von ihren Excursionen zurück, die Circulation des Blutes ging bald kräftiger und regelmässiger von Statten, der Schlaf wurde ein erquickender, die Störungen des Allgemeinbefindens schwanden mehr und mehr und mit ihnen die Irritation und Verstimmung des Nervensystems.

Mit Ausnahme eines einzigen verliessen alle diese Kranken Neuenahr in grosser Zufriedenheit und heiterer Stimmung. Dieser Einzige hatte bereits eine Cur in Homburg gebraucht und kam von dort hierhin. Seine Verdauungsorgane waren sehr geschwächt, er hatte Strikturen in der Urethra und litt häufig an Pollutionen. Die hiesige Cur brachte zwar vermehrten Appetit, Nachlass der vorhandenen dyspeptischen Beschwerden und etwas bessere Stimmung, jedoch nur geringe Verminderung der Pollutionen, welche stets Eingenommensein des Kopfes und Störung des Allgemeinbefindens zur Folge hatten. So blieb denn noch immer eine Bedrücktheit und Reizbarkeit des Gemüths zurück und die Besserung eine geringe. Nach 4 Wochen verliess er Neuenahr auf eine günstige Nachwirkung hoffend. Im Januar dieses Jahres schrieb er mir, dass er sich anfangs in seiner Heimath ziemlich wohlbefunden, dass er sich aber eine Erkältung zugezogen, die auf die Unterleibsfunktionen verschlimmernd zurückgewirkt; seitdem habe er wieder Magenbeschwerden, schlechten Schlaf, häufige Pollutionen und trübe Gemüthsstimmung. Er gehörte eben zu jener schlimmsten Form von Hypochondristen, bei denen so selten ein genügendes Heilresultat erzielt wird.

Résumé.

Die beiden Richtungen, nach welchen hin die Therme von Neuenahr ihre Wirkungen auf den menschlichen Organismus vornehmlich entfaltet, sind in den Curerfolgen des Sommers 1860 wiederum in glänzender Weise hervorgetreten. Es sind einerseits Leiden der Schleimhäute, insbesondere chronische Catarrhe, und andererseits diejenigen Krankheitszustände, welche die Wissenschaft auf eine Anhäufung von Harnsäure im Blute unter dem Namen harnsaure Diathese zurückgeführt hat. Hieran schliessen sich Anschwellung der Leber und Milz, Anschoppung des Uterus und Hypochondrie. Unter den Schleimhautleiden stehen die der Respirationsorgane als diejenigen obenan, gegen welche unsere Heilquellen am kräftigsten und nachhaltigsten einwirkten. Doch bleiben ihre heilenden Wirkungen bei frischen und inveterirten Catarrhen der Schleimhäute des Darmkanals, der Harnblase und Sexualorgane kaum dahinter zurück. Von den Krankheitszuständen, die auf harnsaurer Blutdiathese beruhen, ist es, ausser der harnsauren Lithiasis selbst in der Gestalt von Griesharnen, vorzüglich die eigentliche wahre Gicht, gegen welche Neuenahr sich am heilkräftigsten erweist, d. h. derjenige Symptomencomplex, bei welchem neben den bekannten gichtischen Beschwerden auch diejenige Störung in der Function der Verdauungsorgane nicht fehlt, die als die wahre Ursache der fehlerhaften Blutbereitung angesehen werden muss, welche der Gicht specifisch eigenthümlich ist. Unter den Wirkungserscheinungen der innerlichen Anwendung des Neuenahrer Mineralwassers ist aber gerade eine Verbesserung der Verdauung, Steigerung der Esslust, Regulirung der Stuhlausleerungen und dem entsprechende Zunahme der Ernährung auch nach den Beobachtungen des Jahres 1860 am hervorstechendsten gewesen.

Dies ist in Kürze das constante Ergebniss der bisherigen Erfahrungen über die Wirksamkeit von Neuenahr.

Es stehen aber auch diese Ansprüche der Erfahrung, der in der Heilkunde überall der Vorrang gebührt, mit der chemischen Zusammensetzung der Quellen und mit der anderweitig bekannten Wirkung ihrer Bestandtheile nach theoretischen Anschauungen in vollem Einklang.

Was Neuenahr vor allen anderen Thermen auszeichnet, ist sein grosser Reichthum an freier und halbgebundener Kohlensäure. Unser Wasser enthält soviel kohlensaures Gas, als Wasser bei dem gegebenen Temperaturgrade nach physikalischen Gesetzen aufnehmen kann, es ist damit gesättigt. Doch nicht blos im Verhältnisse zur Temperatur ist der Kohlensäuregehalt ein überaus hoher, sondern auch im Verhältnisse zur Menge des aufgelösten kohlensauren Natrons. Einige andere alkalische Thermen besitzen wohl einen höheren Wärmegrad oder mehr kohlensaures Natron' oder beides zugleich, keine Therme aber erreicht Neuenahr in der Quantität der Kohlensäure bei gleich hoher Temperatur und bei gleichem Gehalte an kohlensaurem Natron. Es übertrifft in diesem Punkte sogar diejenigen beiden Heilquellen, welche ihm im Uebrigen ihrer chemischen Constitution nach am nächsten stehen: Ems und Vichy. Eine Autorität im Fache der Heilquellenlehre, Dr. Helfft in Berlin, hat in seinen balneologischen Reiseerinnerungen: „Medizinische Centralzeitung 1860. S. 84" Neuenahr diese Anerkennung seines Vorzuges zukommen lassen, indem er dabei auf die ausgedehnte Anwendung hinweist, welche die Kohlensäure hier in Form der Gasbäder in Zukunft finden kann.

Es ist aber auch der absolute Gehalt unserer Therme an kohlensaurem Natron nicht gering zu nennen: sie kann vielmehr auch in dieser Beziehung den Vergleich mit mancher gepriesenen kalten und warmen alkalischen Mineralquelle sehr wohl bestehen. Neuenahr überragt darin Mont-Dore, eine vielbesuchte und schon seit dem fünften Jahrhundert gegen Brustkrankheiten gerühmte Therme in der Auvergne um ein bedeutendes. Salzbrunn in Schlesien, eine ebenfalls vielbesuchte und gegen viele Brustleiden bewährt gefundene kalte Quelle, deren Wirkung hauptsächlich auf kohlensaurem Natron beruht, besitzt davon nur einen geringen Theil mehr als Neuenahr, dabei aber an schwefelsaurem Natron, welches auf Verdauung und Blutbereitung viel weniger günstig einwirkt, eine erheblich grössere Quantität als Neuenahr, abgesehen von dessen Charakter als Therme.

Es wird keiner längeren Auseinandersetzung bedürfen, um die vollständige Uebereinstimmung der oben angeführten Erfahrungsresultate über Neuenahr mit den Erwartungen, welche die chemische Constitution unserer Quelle nach den Feststellungen der Wissenschaft a priori erwarten lassen musste, vollkommen einleuchtend zu machen. Für die Leichtverdaulichkeit unseres Wassers, so wie die günstige Einwirkung desselben auf die Digestionsorgane und die Assimilation überhaupt neben seiner mächtigen Bethätigung der Resorption und Resolution — Wirkungen, die nicht leicht in gleichem Maasse mit einander vereint zu finden sind — bietet sein eminenter Gehalt an Kohlensäure bei so hoher Temperatur eine durchaus ungezwungene Erklärung dar. Durch diese beiden Faktoren, Kohlensäure und Wärme, wird die Verdaulichkeit des Natrons sehr erhöht und es können unter dem Zusammenwirken dieser Agentien verhältnissmässig grosse Quantitäten Natrons ohne Belästigung der Verdauung in die Blutmasse übergeführt und dem Organismus längere Zeit einverleibt werden. Keine andere Therme besitzt diese Eigenschaft in gleichem Maasse. Neuenahr unterscheidet sich durch diesen ganzen Complex von ponderablen und imponderablen Bestandtheilen, vermöge dessen es nicht nur die der Gicht zu Grunde liegende Digestionsanomalie direkt bekämpft, sondern auch deren Produkt aus dem Blute entfernt, wesentlich von den indifferenten Thermen, deren Wirksamkeit gegen die genannte Krankheit zwar sehr gerühmt ist und auch nicht bestritten werden soll, aber bei ihrer Armuth an festen Bestandtheilen wenigstens nicht auf eine feste Grundlage basirt werden kann. Die Wirksamkeit unserer Thermę wird aber auch durch die Salubrität der Gegend noch wesentlich befördert. Die gewichtigsten Balneologen erkennen an, dass bei der Wahl eines Curortes nicht blos die Beschaffenheit der Quellen, sondern auch die Lage und das Klima ins Auge gefasst werden müsse. Gilt dies schon für alle Krankheiten und ganz im Allgemeinen, so findet es bei Brustkrankkeiten vorzugsweise seine Anwendung. Dass aber Neuenahr in diesen Beziehungen kaum etwas zu wünschen übrig lasse, habe ich schon oben bei dem Capitel: Krankheiten der Respirationsorgane dargethan. Die Momente, auf welche es hierbei am meisten ankömmt: Schutz gegen scharfe Winde bei hinreichender Luftströmung, geringe Schwankung der Tagestemperatur, welche den Aufenthalt im Freien den grössten Theil des Tages, auch in frühen Morgenstunden und am Abend gestattet, mittlere Feuchtigkeitsgrade der Luft bei nicht grosser Elevation über die Meeresfläche, besitzt Neuenahr in vollstem Maasse.

Analyse der zuletzt erbohrten Quelle.

Ausser dem grossen Sprudel ist Neuenahr im vorigen Winter noch um eine Quelle bereichert worden, den von Dr. Praessar erbohrten Mariensprudel. Der Chemiker, Medicinalrath Dr. Mohr hat beide

Quellen fast zu gleicher Zeit analysirt und folgendes Resultat erhalten:

	Grosser Sprudel.	Mariensprudel.
	In 10,000 Gewichtstheilen Wasser sind enthalten:	
Kohlensaures Natron	7,3670	7,33096
Schwefelsaures Natron	0,9135	1,00485
Chlornatrium	1,0330	0,91000
Kohlensaurer Kalk	1,8500	2,10000
Kohlensaure Bittererde	3,0516	3,50934
Eisenoxyd	0,1040	0,09000
Thonerde	0,1760	
Kieselerde	0,0650	0,25000
	14,5601	15,19515
Kohlensäure	60,113 Procent vom Volum	59,286
Temperatur	+ 30° R.	+ 33° R.

Die Wasser sind mit Kohlensäure gesättigt und können bei ihrer Wärme nicht mehr enthalten. Ihre Bestandtheile sind fast dieselben. Der grosse Sprudel hat etwas mehr kohlensaures Natron, Chlornatrium und Kohlensäure, der Mariensprudel etwas mehr schwefelsaures Natron, kohlensauren Kalk und Bittererde u. s. w. Alle Differenzen sind aber kaum nennenswerthe Bruchtheile und so unbedeutend, dass sie medicinisch gar nicht in Anschlag kommen können und chemisch durch die Analyse desselben Wasser leicht erhalten werden.

Der grosse Sprudel, welcher in der Nähe des Badehauses liegt, wird vorzugsweise zur Speisung der Bäder desselben benutzt. Sein Wasser wird in einem Reservoir gesammelt und fliesst aus diesem nach Maassgabe der rascheren oder langsameren Zuleitung mit einer Wärme von 28 bis 27 und 26 Grad R. in die Badewannen. Es ist dabei die Einrichtung getroffen, dass es von seinem reichen Gehalt an Kohlensäure, dem wirksamsten Bestandtheile des Bades, kaum etwas verlieren kann.

Gleich Vichy haben sich bis heran in den Quellen von Neuenahr Schwankungen der Temperatur gezeigt. Eine wiederholt vorgenommene analytische Untersuchung des Medicinalrath Dr. Mohr hat erwiesen, dass die chemische Constitution sich nicht verändert hat, dass also die Abnahme der Temperatur nicht durch den Zutritt von süssem Wasser bedingt sein kann. Auch in Vichy liess sich die Temperaturveränderlichkeit keineswegs aus dem Zuflusse von süssem Wasser erklären.

Neuenahr besitzt jetzt Quellen von 20, 22, 25, 30, 33 Grad R. Diese Abstufungen sind von grossem Vortheile, da in vielen Krankheiten, namentlich Brustleiden, bei Neigung zu Congestion und manchen Nervenleiden mässige Temperaturgrade am zuträglichsten sind.

Eröffnung der nächsten Badesaison.

Die Badesaison beginnt mit dem ersten Mai. Man erreicht Neuenahr von Cöln und Coblenz in zwei Stunden, von den rheinischen Eisenbahnstationen Sinzig und Remagen und vom Landungsplatze der Rheindampfschiffe zu Remagen in einer Stunde. Von diesen Orten gehen täglich viermal nach Ankunft der Eisenbahnzüge Postwagen nach Neuenahr. Das Personengeld beträgt von Remagen 9 Groschen, von Sinzig 7½. Ausserdem stehen am Bahnhofe und Landungsplatze der Dampfschiffe stets Fiaker bereit, deren Taxe zur Vermeidung von Ueberforderungen von der Polizeibehörde auf 1 Thlr. 10 Sgr. für einen Einspänner und auf 2 Thlr. für den mit zwei Pferden bespannten Wagen festgesetzt ist. Unterkommen findet man im Curhotel, Privatwohnungen und den Gasthöfen von Wadenheim und Ahrweiler. Die Preise im Curhotel sind fixirt: man zahlt für Zimmer 10, 15, 20, 25 Groschen und höher per Tag nach Grösse und Eleganz; für Frühstück 6, table d'Hôte 17, souper à la carte 6 Groschen und mehr, je nach Auswahl der Speisen.

Herr Direktor Kreuzberg und Herr Inspektor Schmitten sind bereit, jede gewünschte weitere Auskunft alsbald zu ertheilen und passende Quartiere im Curhotel, Badehaus und Privatwohnungen zu besorgen. Fragen über die Wirkung und Anwendung der Therme werde ich jederzeit schleunigst beantworten.

Neuenahr im März 1861.